जीने के उसूल

जिनसे शिव खेड़ा ने प्रेरणा पाई

शिव खेड़ा

FULL CIRCLE

DISCLAIMER

This book is designed to provide practical ways to live a better life. It in no way serves as a substitute for professional counselling or therapy. Every effort has been made by the author, editor, and publisher to produce a complete and accurate book. The purpose of this book is to motivate and inspire.

जीने के उसूल : जिनसे शिव खेड़ा ने प्रेरणा पाई

प्रथम संस्करण : अगस्त, 2003

पहला रिप्रिंट : सितम्बर, 2003

प्रकाशक : फुल सर्कल पब्लिशिंग
जे-40, जोर बाग़ लेन, नई दिल्ली-110003

मुद्रक : न्यूटेक फ़ोटोलिथोग्राफ़र्स, दिल्ली-110032

JEENE KE USOOL: JINSE SHIV KHERA NE PRERANA PAYEE

By Shiv Khera

ISBN 81-7621-127-3

03/03/02/09/200/SCANSET/NTP/NTP/NTP

मेरी बात

प्रिय दोस्तो,

यह किताब आपके हाथों में देते हुए मुझे कितनी ख़ुशी हो रही है, उसे मैं बयान नहीं कर सकता। क्योंकि यह वो ख़ज़ाना है जो मुझे शक्ति, साहस और प्रेरणा देता है। 'जीत आपकी' की रिकॉर्ड-तोड़ सफलता ने ही मुझे यह साहस और प्रेरणा दी कि मैं यह किताब आपके सामने रख सका।

इस पुस्तक में पिरोये गए मोती मैंने कहाँ से और कब-कब चुने, इसके बारे में मैं कुछ नहीं लिख पाऊँगा। लेकिन, ये मेरे लिए बहुत अनमोल हैं। इन मोतियों ने मुझे उस-उस समय चमक दी, जब-जब मैं किसी परेशानी में या विपरीत परिस्थिति में घिरा।

मुझे याद है, एक बार, न जाने किस बात को लेकर मेरे एक दोस्त ने शेर सुनाया :

कौन कहता है कि आसमान में
सुराख नहीं हो सकता,
एक पत्थर तो
तबीयत से उछालो यारो।

इन दो लाइनों ने मेरे लिए क्या किया! मेरे साहस को जैसे बल मिल गया।

पढ़ने की मेरी चाह ने मुझे अनेकों हिन्दी-उर्दू की किताबें पढ़ने

का रास्ता दिखाया। इन्होंने मेरा एक विशेष नज़रिया विकसित होने में मदद की। आज भी जब कभी मैं इन्हें पलटकर देखता हूँ तो ख़ुद में एक नई प्रेरणा और अपने लक्ष्य को ज़्यादा नज़दीक पाता हूँ।

ऐसे ही एक बार, मैंने एक लाइन दीवार पर लिखी पढ़ी :

चल ऐ नज़ीर,
इस तरह से कारवाँ के साथ,
जब तू न चल सके तो तेरी दास्ताँ चले।

हालाँकि मैं नहीं कह सकता कि यह उक्ति किसने और क्यों लिखी थी, लेकिन इसे पढ़कर मैंने ख़ुद को सोच में पाया। एक मार्गदर्शक था, मेरे आगे की ज़िन्दगी के लिए।

जो पंक्तियाँ मैंने यहाँ-वहाँ पढ़ीं या सुनीं, उनके लेखकों के नाम मैं नहीं जानता और इसलिए नहीं दे सकता! लेकिन अहसान और आभार जता सकता हूँ। मैं तो सिर्फ़ इतना जानता हूँ कि वो किसी की भी हो, मेरे लिए अनमोल है।

हो सकता है, कुछ पंक्तियाँ मैं उस रूप में नहीं लिख पाया होऊँ जिस रूप में लेखक ने उन्हें लिखा। उनमें शब्द बदल भी गए हो सकते हैं।

ऐसे ही न जाने कब-कब और कैसे-कैसे मैं ये मोती चुनता चला गया, चुनता चला गया, चुनता चला गया...

शिव खेड़ा

आभार

हर काम की तरह इस पुस्तक को तैयार करने में भी अनेक लोगों की मेहनत शामिल है। ख़ासतौर पर मैं अपने परिवार का शुक्रिया अदा करता हूँ। मैं अपने स्टाफ़ के कड़े प्रयासों का भी शुक्रगुज़ार हूँ जिन्होंने अपनी मेहनत और कोशिशों से इस पुस्तक का प्रकाशन सम्भव बनाया।

इस पुस्तक में लिए गए सभी विचारों के लिए मैं उन सभी माध्यमों का भी शुक्रिया अदा करता हूँ जिनके जरिये या जिनमें से मैंने इन उसूलों को लिया है। भूल से भी किसी का आभार प्रकट करने में चूक हो गई हो तो क्षमा कीजिएगा। लेखक के ध्यान में आने पर अगले संस्करण में उसे ठीक कर लिया जाएगा।

अगर पत्थर पूजने से भगवान मिल जाते,
तो दुनिया पहाड़ों को पूजती रहती।

– कबीर

अगर फ़लक को ज़िद है,
बिजलियाँ गिराने की।
तो हमें भी ज़िद है,
वहीं आशियाँ बनाने की।

अब तो इस तालाब का पानी बदल दो,
ये कँवल के फूल कुम्हलाने लगे हैं।
अब नई तहज़ीब के पेशे-नज़र हम,
आदमी को भूनकर खाने लगे हैं।

– दुष्यन्त कुमार

अँधेरे पर क्यों झल्लाएँ,
अच्छा हो एक दीप जलाएँ।

– नीरज

अन्दर में सच्चाई
और बाहर में सफ़ाई,
दोनों ही ज़रूरी हैं।

अगर ज़िन्दगी है तो ख़्वाब हैं,
ख़्वाब हैं तो मंज़िलें हैं,
मंज़िलें हैं तो रास्ते हैं,
रास्ते हैं तो मुश्किलें हैं,
मुश्किलें हैं तो हौसले हैं,
हौसले हैं तो विश्वास है,
कि जीत हगारी है।

अश्क आँखों में आए जाते हैं,
फिर भी हम मुस्कुराए जाते हैं।
कभी ग़ुलशन की आबरू के लिए,
आशियाँ ख़ुद ही जलाए जाते हैं।

अगर अन्धा अन्धे का नेतृत्व करे
तो दोनों खाई में गिरेंगे।

– बाइबिल

अन्धा वह नहीं है
जिसकी आँखें नहीं,
अन्धा वह है
जो अपने दोषों को ढकता है।

अज्ञान,
संसार का शत्रु नहीं है,
शत्रु है – अज्ञान का अहंकार।
– विष्णु प्रभाकर

अगर देश के काम न आए,
तो जीवन बेकार॥
हो जाओ तैयार साथियो, हो जाओ तैयार।
सोचने का समय गया, उठो लिखो इतिहास नया,
नाटक छोड़ो, अपनाओ, इंसानियत का व्यवहार॥
हो जाओ तैयार साथियो, हो जाओ तैयार।
काँप उठे धरती अम्बर, और उठा लो ऊँचा स्वर,
कोटि-कोटि कंठों से गूँजे, भारत की जयकार॥
हो जाओ तैयार साथियो, हो जाओ तैयार।
अग्नि स्वर्ण की परीक्षा करती है,
और प्रलोभन सच्चे मानव का।

– फेबर

अर्पित कर दो तन, मन, धन,
माँग रहा बलिदान वतन।

आज वो क़ाबिल हुए
जो कभी क़ाबिल न थे,
मंज़िलें उनको मिलीं
जो दौड़ में शामिल न थे।

आज जिन हाथों में
तेरी चाहतों के फूल हैं,
वक़्त बदलेगा तो इन
हाथों में पत्थर देखना।

आप दीवार गिराने आए थे,
लेकिन उठाने लगे,
ये तो हद है।
ख़ामोशी शोर से सुनते थे कि घबराती है,
लेकिन ख़ामोशी शोर मचाने लगे,
ये तो हद है।

आप कहते हैं कि रोने से
न बदलेंगे नसीब,
आपकी इस बात ने
उम्र-भर रोने न दिया।

आलसी को सब काम कठिन लगते हैं,
परिश्रमी को आसान।

इस दौर में इंसान का
चेहरा नहीं मिलता,
कब से मैं नक़ाबों की तहें
खोल रहा हूँ।

इस सड़क पर इस क़दर
कीचड़ बिछी है,
हर किसी का पाँव घुटनों
तक सना है।

इस धरती ने जन्म दिया है

यही पवित्र माता है।

एक प्राण दो देह जैसा इससे अपना नाता है॥

इसी भूमि-पुत्री के कारण

भस्म हुई लंका सारी।

सुई नोक-भर भू के पीछे हुआ

महाभारत भारी॥

सिक्ख, मराठे, राजपूत

क्या बंगाली क्या मद्रासी।

इसी मन्त्र का जाप कर रहे,

युग-युग से भारतवासी॥

इस अँगीठी तक गली से
कुछ हवा आने तो दो,
जब तलक खिलते नहीं,
ये कोयले देंगे धुआँ।

– दुष्यन्त कुमार

इनकी फ़ितरत का पता होता अगर,
दूध हम रखते न साँपों के लिए।

शिव खेड़ा

इक बार गिरकर
मैंने सँभलना सीखा,
इक बार फिसलकर
मैंने चलना सीखा,
इक बार धोखा खाकर
मैंने परखना सीखा,
इस तरह ज़माने से ही मैंने,
ज़माने से लड़ना सीखा।

इंसान ख़ुदा बनने की कोशिश
में हैं मशरूफ़,
लेकिन ये तमाशा भी
ख़ुदा देख रहा है।

इंसान, ख़ुदा से –

तूने, ऐ मेरे मालिक!
रात बनाई, मैंने दीये जलाए।
तूने मिट्टी उत्पन्न की,
मैंने उससे प्याले बनाए।
तूने धरती को वन, पर्वत
और मरुस्थल प्रदान किए,
मैंने उनमें रंगीन फूल खिलाए।
ऐ मालिक!
सच-सच बता,
तू बड़ा या मैं!

– इक़बाल

उठो मशाल जल उठी है इंक़लाब की।
जागो, न बात अब करो हसीन ख़्वाब की।
कि दूर बज उठा बिगुल नवीन क्रान्ति का।
कि मोर्चा है वीरता, इंसानियत और क़ुर्बानी का।

उम्र-भर सोचा किए,
कर लेंगे तौबा एक दिन,
मौत यूँ आई कि तौबा रह गई,
हम चल दिए।

उनके आने से
जो आ जाती है चेहरे पर रौनक,
वो समझते हैं कि
बीमार का हाल अच्छा है।

उम्मीद वक़्त का
सबसे बड़ा सहारा है,
अगर हौसला हो
हर मौज में किनारा है।

उठो ऐ साथियो,
मिलकर नया भारत बनाएँगे,
शहीदों के सभी सपने सजाकर हम
दिखाएँगे।

उठो इन्तिहा हो गई बेदिली की,
उठो गर तुम्हें क़द्र है ज़िन्दगी की।

– टोहानी

उन्हें पता भी नहीं है
कि उनके पाँवों से,
वो ख़ूँ बहा है
कि ये गर्द भी गुलाल हुई।

एक चिंगारी कहीं से ढूँढ़ लाओ दोस्तो,
इस दिये में तेल से भीगी हुई बाती तो है।

– दुष्यन्त कुमार

ऐसी बानी बोलिये,
मन का आपा खोय
औरन को शीतल करे,
आपहूँ शीतल होय।

ऐसा लगता है, ज़िन्दगी तुम हो,
अजनबी, कैसे अजनबी तुम हो!
बहरूपियों से वफ़ा की उम्मीदें,
किस ज़माने के आदमी तुम हो!

– अमर

शिव खेड़ा

एक बाज़ू उखड़ गया जब से,
और ज़्यादा वज़न उठाता हूँ।

एक दरिया है यहाँ पर
दूर तक फैला हुआ,
आज अपने बाज़ुओं को देख,
चप्पू न देख।

एक बूढ़ा आदमी है मुल्क में
या यों कहो –
इस अँधेरी कोठरी में एक रौशनदान है।

– दुष्यन्त कुमार

एक दिन भी जी
मगर तू ताज बनकर जी,
अटल विश्वास बनकर जी,
अमर युग–गान बनकर जी।

और भी दुख हैं ज़माने में
मोहब्बत के सिवा,
चाहतें और भी हैं
मिलन की चाहत के सिवा।

कन्धे-कन्धे मिले हुए हैं,
क़दम क़दम के साथ हैं,
पेट करोड़ों भरने हैं,
पर उनसे दुगने हाथ हैं।

कारवाँ उजाले की राह में नहीं रुकता,
इक चिराग़ बुझता है
इक चिराग़ जलता है।

क़त्ल हुआ हमारा
इस तरह क़िश्तों में,
कभी ख़ंजर बदल गए
कभी क़ातिल बदल गए।

कहाँ तो तय था चिराग़ाँ
हरेक घर के लिए,
कहाँ चिराग़ मयस्सर नहीं
शहर के लिए।

कल नुमाइश में मिला
वो चीथड़े पहने हुए,
मैंने पूछा नाम, तो बोला कि
हिन्दुस्तान हूँ।

– दुष्यन्त कुमार

किनारों से ऐ नाख़ुदा
मुझको दूर ही रख,
ले चल मुझे वहाँ
जहाँ तूफ़ान उठते हों।

कुछ दरिन्दे हैं अभी तक झील पर,
आज प्यासे लोग जाएँगे किधर।

करे बुराई चाहे भलाई
ऐसा कैसे होय,
बीज बोये बबूल के
तो आम कहाँ से होय।

कौन कहता है ज़िन्दगी का अंजाम
मौत होना चाहिए,
ज़िन्दगी का ज़िन्दगी ही
पैग़ाम होना चाहिए।

क़ुर्बानियों की मेरी
क़ीमत अदा न कर,
लौटा सकेगा क्या मेरी
खोई जवानी को !

– एन. सैनिक

कौन कहता है आकाश में
सुराख़ नहीं हो सकता,
एक पत्थर तो तबीयत से उछालो यारो।

– दुष्यन्त कुमार

कर्म वह आईना है,
जो हमारा स्वरूप हमें दिखा देता है।
अतः हमें कर्म का अहसानमन्द
होना चाहिए।

– विनोबा भावे

क्या हुआ गर मर गए
अपने वतन के वास्ते,
बुलबुलें क़ुरबान होती हैं चमन के वास्ते।

– सरदार नौबहारसिंह

कोटि-कोटि कंठों ने
गाया माँ का गौरव गान है,
एक रहे हैं एक रहेंगे, भारत की सन्तान हैं।
समझाएँगे नादानों को, सोया देश जगाएँगे,
दुश्मन के नापाक इरादे, जड़ से काट मिटाएँगे।
ऊँच-नीच निज के विभेद ने
दुर्बल किया स्वदेश को;
बाहर से भीतर से घेरा, अँधियारे ने देश को;
मिटे भेद मिट जाए अँधेरा,
क्योंकि वही जलती हुई मशाल है।
कोटि-कोटि कंठों ने गाया माँ का गौरव गान है,
एक रहे हैं एक रहेंगे, भारत की सन्तान हैं।

कोई कह दे हुक़ूमत से
न उलझे नौजवानों से,
इन्हें सिखला दिया है ज़ुल्म ने
ज़ालिम से टकराना।

– टीकाराम 'सुखन'

ख़ाक में हम को मिलाने का
तमाशा देखना,
आज बीज हैं तो क्या हुआ
कल नए पेड़ देखना।

ख़ुद अपने उबरने की
करता नहीं जो कोशिश,
उस डूबनेवाले पर हँसता है
किनारा भी।

खींच दी वक़्त ने दीवार हमारे घर में,
घर में ठहरा है जो पानी
वो किधर जाएगा।

ख़ून शहीदों का प्यारो,
मिला हुआ इस रंग में,
जिन्हें देश हो जान से प्यारा,
आए हमारे संग में,
हमने अपने प्राणों से है,
आज़ादी को तोला,
मेरा रंग दे बसन्ती चोला।

– भगतसिंह

ख़ुदी को कर बुलन्द इतना
कि हर तक़दीर लिखने से पहले,
ख़ुदा बन्दे से ख़ुद पूछे
बता तेरी रज़ा क्या है।

– इक़बाल

ग़म की अँधेरी रात में
दिल को न बेक़रार कर,
सुबह ज़रूर आएगी
सुबह का इन्तज़ार कर।

ग़ज़ब है सच को सच कहते नहीं वो,
क़ुरान और उपनिषद खोले हुए हैं।

ग़मों की आँच पे
आँसू उबालकर देखो,
बनेंगे रंग किसी पर डालकर देखो,
तुम्हारे दिल की चुभन भी
ज़रूर कम होगी,
किसी के पाँव से काँटा
निकालकर देखो।

शिव खेड़ा

गिरते हैं शह सवार ही
मैदान–ए–जंग में,
वो तिफ़्ल क्या गिरेंगे
जो घुटनों के बल चलें।

गर देखना ही चाहते हो
तुम मेरी उड़ान को,
तो जाओ जाकर थोड़ा ऊँचा करो
इस आसमान को।

गर्दिश-ए-अय्याम तेरा शुक्रिया,
हमने हर पहलू से दुनिया देख ली।

गद्दारों से घर बचाए रखना है हमको,
वतन की एकता बनाए रखना है हमको।

घर से मेहमान ज़रा दूर
चला जाए,
फिर, गालियाँ देंगे
अभी हाथ हिलाते रहिए।

घर की और मकान की
अलग-अलग है पहचान,
'घर' मन का पर्याय है,
ईंट-पत्थर है मकान।

शिव खेड़ा

घरों पे नाम थे,
नामों के साथ ओहदे थे,
बहुत तलाश किया,
लेकिन आदमी एक न मिला।

घर में भी चिराग़
अब सँभलकर जलाइए,
बारुद बन चुकी है
हवा-ए-वतन तमाम।

घर से मस्ज़िद है दूर
चलो यूँ कर लें,
किसी रोते हुए बच्चे को
हँसाया जाए।

– निदा फ़ाज़ली

चला हूँ नाम लेकर तेरा
ऐ दो जहाँवाले,
बचाकर हर मुसीबत से
मेरे देश को मंज़िल तक पहुँचा दे।

शिव खेड़ा

चाँद-सूरज के जो हों ख़ुद मोहताज़
भीख माँगो न उनसे उजालों की,
बन्द आँखों से भी ऐसा करो काम
आँख खुल जाए आँखवालों की।

चले थे धरा का अँधेरा मिटाने
ख़ुद ही अंधेरे में घिरे जा रहे हैं,
चले थे दीप घर-घर जलाने
तुम्हारे दिये ही बुझे जा रहे हैं।

शिव खेड़ा

चल अकेला, चल अकेला,
चल अकेला...
तेरा कोई साथ न दे तो
तू ख़ुद से प्रीत जोड़ ले,
बिछावन धरती को कर ले
और आकाश ओढ़ ले,
है कौन-सा वो इंसान यहाँ पे
जिसने दुख न झेला
चल अकेला, चल अकेला, चल अकेला...

चारों वेदों में बात लिखी हैं दोई –
दुख दीने दुख होई
सुख दीने सुख होई।

चल ऐ नज़ीर,
इस तरह से कारवाँ के साथ,
जब तू न चल सके
तो तेरी दास्ताँ चले।

चित्रकार तू चित्र बना दे,
उन सैनिक मतवालों का,
मातृभूमि हित बलिवेदी पर
शीश चढ़ानेवालों का।
वीर सुभाष, महाराणा और छत्रपति शिवाजी का,
झाँसीवाली महारानी और चूण्डवत क्षत्राणी का।
जौहर की ज्वाला को जगा दे,
आग लगा दे प्राणों में;
नूतन शक्ति जोश जगा दे, भारत के दीवानों में।
छोड़ किनारा, कूद पड़ो, मझधार तुम्हारा डेरा।
ख़ून–पसीना बहाके अपना,
ला फिर नया सवेरा।

चेहरे के ये धब्बे हैं
ज़रा ग़ौर से देख,
आईना ही क्यों साफ़
किए जा रहा है।

जिस दिन से चला हूँ
मेरी मंज़िल पे नज़र है,
आँखों ने कभी
मील का पत्थर नहीं देखा।

जिसका समय व्यर्थ व्यतीत होता है,
उसने समय का मूल्य समझा ही नहीं।

जाने ये किसकी बनाई हुई तस्वीरें हैं,
ताज सर पर है, मगर पाँव में ज़ंजीरें हैं।

जो अपने लिए नियम नहीं बनाता,
उसे दूसरों के बनाए नियमों पर चलना
पड़ता है।

– हरिभान उपाध्याय

जो बहुत अधिक सोचता है,
वह थोड़ा काम करेगा।

– शिल्लर

ज़िन्दगी को और भी
ज़िन्दा बनाएँगे।
हम क़लम से ख़ून का
रिश्ता निभाएँगे।
ताज और मीनार
किस काम के,
सबसे पहले
आदमी का घर बनाएँगे।

जो नाज़ करते हैं अपनी ताक़त पे,
शौक़ से ताक़त आज़माएँ,
वो जिस क़दर सख़्तियाँ करेंगे,
हमारे हक़ में भला करेंगे।

जो उनसे होगा सो वो करेंगे,
जो हमसे होगा सो हम करेंगे,
जफ़ा के आदी जफ़ा करेंगे,
वफ़ा के बन्दे वफ़ा करेंगे।

– 'साबिर' टोहानी

ज़मीं पर कुदालों को बरसा रहे हैं,
पसीने-पसीने हुए जा रहे हैं,
मगर इस मशक़्क़त (परिश्रम)
में भी गा रहे हैं।

– 'सलाम' मछलीशहरी

जाने किस-किसका ख़्याल आया है,
इस समन्दर में उबाल आया है।

– दुष्यन्त कुमार

ज़िन्दगी ज़िन्दादिली का नाम है,
मुर्दा-दिल क्या ख़ाक जिया करते हैं।

– 'नासिख़'

जो मनुष्य
किसी भी प्रकार की बाधाओं से
निःसंकोच रहकर भी नहीं घबराता है,
चाहे वे किसी भी प्रकार की हों,
वह हर समय श्रेष्ठता पाता है।

– गीता

जो नेक काम करता है
और नाम की इच्छा नहीं रखता,
उसकी चित्तशुद्धि होती है।
उसका काम, सहज ही
परमात्मा को अर्पण हो जाता है।

– विनोबा भावे

जहाँ नम्रता से काम निकल आए,
वहाँ उग्रता नहीं दिखानी चाहिए।

– प्रेमचन्द

जाओ,
जाकर किसी मज़लूम के आँसू पोंछो,
फिर कहीं जाके ये समझोगे,
इबादत क्या है।

जग में जब तू आया था
जग हँसा तू रोया था,
बसर कर ज़िन्दगी ऐसी
सब रोएँ तू हँसता जा।

जब तक रहता एक घर
सब दिखते हैं एक,
अपना–अपना जब हुआ
होते तभी अनेक।

जो देश के लिए जान देते हैं,
वो शहीद कहलाते हैं,
जो देश को बर्बादी से बचाते हैं,
वो सिपाही कहलाते हैं।

जुस्तजू हो तो सफ़र
ख़त्म कहाँ होता है,
यूँ तो हर मोड़ पर
मंज़िल का गुमाँ होता है।

कास अपना इश्क़ में
आँसू बहाना ही नहीं,
देश के दुश्मन की हस्ती भी
मिटा सकते हैं हम।

ज़िन्दगी के पन्नों पर
कुछ ऐसा लिखा जाए,
जो पवित्र पुस्तक–सा ही
सुबह–शाम पढ़ा जाए।

जड़ आज मेरी उसी शख़्स ने काट दी,
थकके बैठा था कल जो मेरी छाँव में।

जिसको भी देखना हो
कई बार देखना,
हर आदमी में होते हैं
दस–बीस आदमी।

जिस पर सर न झुके
वह दर नहीं,
जो हर दर पर झुके
वह सर नहीं।

ज़बान देने में जल्दी न करो,
और ज़बान रखने में देर न करो।

जिन हाथों में शक्ति है
राज–तिलक देने की,
उन हाथों में शक्ति है
शीश उतार लेने की।

जो आला ज़र्फ़ होते हैं
हमेशा झुकके मिलते हैं,
सुराही सर निगूँ होकर
भरा करती है पैमाने।

जो समझना हो ख़ुशी का राज़
तो इतना कीजिए,
दूसरों के रंजो-ग़म को
आप अपना लीजिए।

जहाँ दया तहाँ धर्म है,
जहाँ लोभ तहाँ पाप।
जहाँ क्रोध तहाँ काल है,
जहाँ क्षमा तहाँ आप।

ज़ुल्म करना पाप है,
और ज़ुल्म सहना
उससे भी बड़ा पाप है।
– गुरु गोविन्दसिंह

जिसने इंसानियत सीख ली,
जीने का अधिकार उसी को।
जो काँटों के पथ पर आया,
फूलों का उपहार उसी को।

ज्ञान और विज्ञान जीवन के दो पहलू हैं,
जो हर पल जीवन की सत्यता से
साक्षात्कार कराते हैं।

– आइंस्टीन

टूटी हुई मुंडेर पे
छोटा-सा एक चिराग़,
मौसम से कह रहा है
कि आँधी चलाके देख।

भटको न अपने पथ से
तो सब-कुछ पा सकते हो प्यारे,
तुम भी ऊँचे उठ सकते हो,
छू सकते हो नभ के तारे।

ढूँढ़ रहे हो गाँव-गाँव में
जाकर किस सच्चाई को,
सच तो सिर्फ़ वही होता है
जो दिल्ली दरबार कहे।

तिनके चुन-चुन महल बनाया,
लोग कहें घर मेरा।
ना घर मेरा, ना घर तेरा,
दुनिया रैन बसेरा।

तुम बेसहारा हो तो
किसी का सहारा बनो,
तुमको अपने आप ही
सहारा मिल जाएगा,
डूबती हुई कश्ती को
पहुँचा दो किनारे पे,
तुमको अपने आप ही
किनारा मिल जाएगा।

शिव खेड़ा

तुझ पे ऐ प्यारे वतन,
सब-कुछ लुटा सकते हैं हम।
दिल तो दिल है,
जान की बाज़ी लगा सकते हैं हम।
क्या समझ रखा है
तुमने ऐ वतन के दुश्मनों,
तुम हो किस गिनती में
दुनिया को हिला सकते हैं हम।

तुम मरो चाहे जिओ
कोशिश मगर मत छोड़ो,
खुलते दरवाज़े हैं यारो
खटखटा देने के बाद।

– 'माहिर'

तुम दरिया के तेज़ धारे को
हटा सकते नहीं,
नौजवानों की उमंगों को
दबा सकते नहीं।

– 'जोश'

तुम्हीं कमज़ोर पड़ते जा रहे हो,
तुम्हारे ख़्वाब तो अभी शोले हुए हैं।

तुम्हारे पाँवों के नीचे
कोई ज़मीन नहीं,
कमाल ये है कि
फिर भी तुम्हें यक़ीन नहीं।

– दुष्यन्त कुमार

थोड़ी आँच बची रहने दो,
थोड़ा धुआँ निकलने दो,
कल देखोगे कई मुसाफ़िर
इसी बहाने आएँगे।

दूसरों को गिराने के प्रयत्न में
तुम स्वयं गिर जाओगे।

दुनिया में बहुत कमाया
क्या हीरा क्या मोती,
मगर क्या करें यारो
क़फ़न में जेब नहीं होती।

देख!
वो चाँद की चोटी का चमकता मीनार,
उसी मीनार में दोनों को पहुँचना होगा।

– 'ज़हीर' काश्मीरी

दर-ब-दर की ठोकरें खाईं
तो ये मालूम हुआ,
घर किसे कहते हैं
क्या चीज़ है बेघर होना।

दुनिया ऐसी बावली
पत्थर पूजन जाय,
घर की चक्की कोई न पूजे
जाको पीसो खाय।

– कबीर

दाना गुलो-गुलज़ार होता है
मिट्टी में मिल जाने के बाद,
रंग लाती है हिना
पत्थर पे पिस जाने के बाद।

दिल से निकलेगी न
मर के भी वतन की उलफ़त,
मेरी मिट्टी से भी ख़ुशबू-ए-वतन आएगी।
– भगतसिंह

दुख में सुमिरन सब करे
सुख में करे न कोय,
जो सुख में सुमिरन करे
तो दुख काहे को होय।

– कबीर

दुनिया की निगाहों में
भला क्या बुरा क्या,
गीतों में ग़म छिपाए
बजती रही शहनाई।

शिव खेड़ा

दिया कुछ इस तरह से जल गया
कि पूरे घर में कालिख़ मल गया।
ढलेगी बाढ़, तो आएँगे नेता
ये मत समझो कि ख़तरा टल गया।
हसीं दुनिया के खींचे थे जो नक्शे
हुई मुद्दत वह काग़ज़ गल गया।
दशहरा देखकर ख़ुश हैं ये बच्चे
समझते हैं कि रावण जल गया।

दुश्मनी जम के करो
लेकिन ये गुंजाइश रहे,
जब कभी हम दोस्त बनें
तो शर्मिन्दा न हों।

दिलबर से अगर मिलना है,
तो दिलदार बने रहना।

शिव खेड़ा

दुकानदार तो मेले में लुट गए यारो
तमाशबीन दुकानें लगाके बैठ गए।
लहू–लुहान नज़ारों का ज़िक्र आया तो
शरीफ़ लोग उठे दूर जाके बैठ गए।
ये सोचकर कि
दरख़्तों में छाँव होती है
यहाँ बबूल के साये में
आके बैठ गए।

– दुष्यन्त कुमार

धरा बेच देंगे, गगन बेच देंगे
नदी, नाले, पर्वत, चमन बेच देंगे,
सेवा के मसीहा अगर तुम न सँभले
तो सत्ता के मसीहा,
वतन बेच देंगे।

जब दृष्टि बदलती है,
तो सृष्टि बदल जाती है।
नज़र बदली तो नज़ारे बदले,
कश्ती का रुख़ बदला
तो किनारे बदले।

न पूछो कि मेरी मंज़िल कहाँ है
अभी तो सफ़र का इरादा किया है,
न हारूँगा हौसला उम्र-भर
मैंने किसी से नहीं,
ख़ुद से वादा किया है।

न घबराते हैं तीरों से
न तलवारों से डरते हैं,
हम अपनी धुन के पूरे हैं
जो कहते हैं वो करते हैं।

– 'अख़्तर'

नई चीज़ सीखने की
जिसने आशा छोड़ दी,
वह बूढ़ा है।

– विनोबा भावे

न जाने कौन कब लूट ले राह में,
क़ाफ़िले से अलग मत रहा कीजिए।

प्रगति प्राप्त करने के लिए
परिश्रम के अलावा
और कोई रास्ता नहीं।

प्यार जिसके क़रीब होता है,
बाअदब-बानसीब (ख़ुशनसीब) होता है।
ऐसी दौलत भी जिसके पास नहीं,
आदमी वो ग़रीब होता है।

पड़ोसियों को मेरे
अपना घर सजाना था,
मेरे घर का लुटना
तो इक बहाना था।

पौधे झुलस गए हैं
मगर एक बात है,
दिल्ली की नज़र में अब भी
चमन है हरा-भरा।

शिव खेड़ा

पक गई हैं आदतें
बातों से सर होंगी नहीं,
कोई हंगामा करो
ऐसे गुज़र होगी नहीं।

पहले अपना दिल आईना कीजिए,
फिर किसी से उम्मीदे-वफ़ा कीजिए।

फिर धीरे-धीरे यहाँ का
मौसम बदलने लगा है,
वातावरण सो रहा था
अब आँख मलने लगा है।

– दुष्यन्त कुमार

बड़ा हुआ तो क्या हुआ
जैसे पेड़ खजूर,
पंथी को छाया नहीं
फल लागे अति दूर।

समझदार इंसान अपनी ग़लतियों से
सीखता है
लेकिन बुद्धिमान दूसरों की ग़लतियों से
सीखता है क्योंकि हमारी ज़िन्दगी
इतनी लम्बी नहीं है कि हर ग़लती ख़ुद
करके सीखें। लेकिन नासमझ इंसान अपनी
ग़लतियों के बावजूद भी सीखता ही नहीं है।

बेईमान का प्रत्येक व्यवहार
डंडा मारने से कम नहीं है।

– रस्किन

बदली है ज़माने की हवा
तुम भी बदल जाओ,
हाथ आ नहीं सकता है गया वक़्त
सँभल जाओ।

– ज़फ़रअली ख़ाँ

बुरा जो देखन मैं चला
बुरा न मिलिया कोय,
जो दिल खोजा आपना
मुझ–सा बुरा न कोय।

बरसात में तालाब
हो जाते हैं कमज़र्फ़,
बाहर कभी आपे से
समन्दर नहीं होता।

बर्बादियों की आग
जहाँ में न लगाओ,
गर दम है तो
उजड़े हुए घर को तुम बसाओ।

शिव खेड़ा

बस हाथ मिला लेने से
नफ़रत नहीं मिटती,
नफ़रत को मिटाना है
तो दिल, दिल से मिलाओ।

बिगड़ा हुआ सिस्टम,
नाविक भी हारा है।
आओ पतवार सँभालो,
तुम्हें देश ने पुकारा है।

बहुत अँधेरा है,
अब तो सूरज निकलना चाहिए।
जिस तरह से भी हो,
ये मौसम बदलना चाहिए।

– दुष्यन्त कुमार

बात हक़ की है तो क़ुबूल करो,
ये न देखो कि कौन कहता है।

शिव खेड़ा

बड़ा ही गहरा दाग़ है यारो
जिसका ग़ुलामी नाम है,
उसका जीना भी क्या जीना
जिसका देश ग़ुलाम है,
देख के भारत की बर्बादी
देश का बच्चा-बच्चा बोला,
मेरा रंग दे बसन्ती चोला।
मेरा रंग दे बसन्ती चोला।

बर्बाद गुलिस्ताँ करने को
बस एक ही उल्लू काफ़ी था,
जहाँ हर शाख पे उल्लू बैठा हो
अंजामे-गुलिस्ताँ क्या होगा।

भलाई जितनी अधिक की जाती है,
उतनी ही अधिक फैलती है।

– मिल्टन

शिव खेड़ा

भँवर में भी हैं वही हौसले मेरे दिल के,
उभर-उभर के किनारा तलाश करता हूँ।
यह ग़म नहीं कि ज़माना मुझे सहारा दे,
मैं सिर्फ़ तेरा सहारा तलाश करता हूँ।

भूख है तो सब्र कर
रोटी नहीं तो क्या हुआ,
आजकल दिल्ली में है
ज़ेरे-बहस ये मुद्दआ।

शिव खेड़ा

भाग्यवादी लोग,
कुछ होने का इन्तज़ार करते हैं,
कर्मयोगी,
हर हाल में कुछ कर दिखाते हैं।

भाग्यवादी कहते हैं कि
समय से पहले, भाग्य से ज़्यादा
कुछ नहीं मिलता,
कर्मयोगी हर युग में अपना
भविष्य ख़ुद लिखते हैं।

– शिव खेड़ा

मौजें कभी तो हारेंगी
तेरे यक़ीन से,
साहिल पे रोज़
एक घरौंदा बनाके देख।

मनुष्य की महानता
उसके कपड़ों से नहीं
उसके आचरण से जानी जाती है।

मत कहो, आकाश में कोहरा घना है,
यह किसी की व्यक्तिगत आलोचना है।

मेरी शिक़स्त,
मेरी फ़तह का रास्ता बनी,
मेरी शिक़स्त,
मेरी जागरूकता का उसूल बनी,
कली का ख़ून हुआ,
और सँवर गया है चमन।

मुसीबत का पहाड़
आख़िर किसी दिन कट ही जाएगा,
मुझे सर मारकर पत्थर से
मर जाना नहीं आता।

मेरी ज़ुबान से निकली
तो सिर्फ़ नज़्म बनी,
तुम्हारे हाथ में आई
तो एक मशाल हुई।

– दुष्यन्त कुमार

मैं ठिठक गया था लेकिन
तेरे साथ-साथ था मैं,
तू अगर नदी हुई तो
मैं तेरी सतह रहा हूँ।
सर पे धूप आई तो
दरख़्त बन गया मैं,
तेरी ज़िन्दगी में अक़सर
मैं कोई वजह रहा हूँ।

मन के हारे हार है,
मन के जीते जीत।

महरूम-ए-हक़ीक़त हैं
साहिल के तमाशाई,
हम डूबके समझे हैं
दरियाओं की गहराई।

मैं तो अकेला ही चला था
जानिबे-मंज़िल मगर,
लोग साथ आते गए
कारवाँ बनता गया।

शिव खेड़ा

मज़हब नहीं सिखाता
आपस में बैर रखना,
हिन्दी हैं हम, वतन है हिन्दोस्ताँ हमारा।

मिटा सके ज़माना
ज़माने में दम नहीं,
हमसे है ज़माना
ज़माने से हम नहीं।

मंज़िलें मिले–न मिले इसका ग़म नहीं,
मंज़िल की जुस्तजू में मेरा कारवाँ तो है।
मंज़िलें राहे–हक़ीक़त बताने के लिए,
छोड़ जा नक्शे–क़दम
औरों के आने के लिए।

मेरी बस्ती में कोई बहरा न था,
शोर इतना था, कोई सुनता न था।

– दुष्यन्त कुमार

मिला दे ख़ाक़ में हस्ती
अगर कुछ मर्तबा चाहे,
कि दाना ख़ाक़ में मिलकर
गुले-गुलज़ार होता है।

मैं फरिश्ता नहीं हूँ, इंसान हूँ,
मेरी पहचान है ख़ता करना।

माना कि सारा जहाँ
गुलज़ार कर सके न हम,
दो ख़ार कम कर दिये
गुज़रे जहाँ से हम।

मचल रहे सवाल आज हर ज़बान पर!
दुखों का अन्त क्यों न आ रहा कहीं नज़र?
करोगे कब तलक यूँ इन्तज़ार सब्र से!
ढले न उमर बाट जोहते जवाब की।

मानव से मानवता बड़ी,
इंसान से इंसानियत बड़ी।

मौत के डर से नाहक़ परेशान हैं,
आप ज़िन्दा कहाँ हैं कि मर जाएँगे।

मूर्ख को क्षमा करना इंसानियत है,
धूर्त को क्षमा करना बेवक़ूफ़ी है।

महज़ हंगामा खड़ा करना
मेरा मक़सद नहीं,
मेरी कोशिश है कि
ये सूरत बदलनी चाहिए।
मेरे सीने में नहीं तो तेरे सीने में सही,
हो कहीं भी आग
लेकिन, आग जलनी चाहिए।

– दुष्यन्त कुमार

ये तो मुमकिन है
किसी रोज़ ख़ुदा बन जाएँ,
ग़ैर-मुमकिन है
मगर शैतान का इंसान होना।

यूँ तो हर आँख यहाँ बहुत रोती है,
हर बूँद मगर अश्क नहीं होती है,
देखके रो दे जो ज़माने का ग़म,
उस आँख से गिरा अश्क
अश्क नहीं मोती है।

ये सारा जिस्म झुककर बोझ से
दोहरा हुआ होगा,
मैं सजदे में नहीं था
आपको धोखा हुआ होगा।

– दुष्यन्त कुमार

ये मूरत बोल सकती है
अगर चाहो,
होश और जोश की चिंगारी
सुलगाकर तो देख।

ये सच है कि
पाँवों ने बहुत कष्ट उठाए,
पर पाँव किसी तरह से
राहों पे तो आए।

ये जो शहतीर है पलकों पे उठा लो यारो,
अब कोई ऐसा तरीक़ा भी निकालो यारो।

ये दिया चौरास्ते का ओट में ले लो,
आज आँधी गाँव से होकर गुज़रती है।

यहाँ तो सिर्फ़ गूंगे और बहरे लोग बसते हैं,
ख़ुदा जाने यहाँ पर
किस तरह जलसा हुआ होगा।
यहाँ तक आते-आते
सूख जाती हैं कई नदियाँ,
मुझे मालूम है पानी
कहाँ ठहरा हुआ होगा।

– दुष्यन्त कुमार

रहबरों (नेताओं) ने दूर कर दीं
रहजनों (लुटेरों) की मुश्किलें,
कारवाँ मंज़िल पे लुट जाते हैं
आसानी के साथ।

रहजनों (चोरों) से तो
भाग निकला था,
अब मुझे रहबरों (नेताओं) ने घेरा है।

रास्ते में रुकके दम ले लूँ
मेरी आदत नहीं,
लौटकर वापस चला जाऊँ
मेरी फ़ितरत नहीं,
और कोई मिले–न मिले
मुझे रुकना नहीं।

राख़, कितनी राख़ है,
चारों तरफ़ बिखरी हुई,
राख़ में चिंगारियाँ ही देख,
अंगारे न देख।

रास्ते ख़ुद-ब-ख़ुद बन जाएँगे
अपनी-अपनी हदों में रहा कीजिए।

रक्त शिराओं में राणा का
रह-रह आज हिलोरे लेता।
मातृभूमि का कण-कण, तृण-तृण,
हमको आज निमन्त्रण देता।
आज पुनः आक्रान्त हुई है
मातृभूमि हम सबकी प्यारी,
उठो चुनौती को स्वीकारो,
युवको आज हमारी बारी।

लेने को हरिनाम है,
देने को अन्नदान,
तरने को आधीनता,
डूबने को अभिमान।

लक्ष्य न ओझल होने पाए,
क़दम मिलाकर चल।
मंज़िल तेरे पग चूमेगी,
आज नहीं तो कल।

लोग अपने दुख से इतना तंग नहीं हैं,
जितना दूसरे के सुख से तंग हैं।

लोग टूट जाते हैं,
एक घर बनाने में,
तुम तरस नहीं खाते हो,
बस्तियाँ जलाने में।

विचारों के युद्ध में
पुस्तकें ही अस्त्र हैं।

– बर्नार्ड शॉ

वो आदमी, आदमी ही नहीं है
आदमीयत नहीं जिसने जानी,
आदमी, आदमी का है साथी
आदमी को बताना पड़ा है।

वक़्त आने दे
बता देंगे तुझे ऐ आस्माँ,
हम अभी से क्या बताएँ
क्या हमारे दिल में है।

– रामप्रसाद 'बिस्मिल'

वो भगतसिंह,
अब भी जिसके ग़म में दिल नाशाद है,
उसकी गर्दन में जो डाला था
वो फंदा याद है।

– 'जोश'

वो मुश्किलें जिन्हें हल
ज़ब्र और सब्र कर नहीं सकता,
मज़बूत इरादे और मेहनत से उन्हें
आसाँ बनाके छोड़ूँगा।

वो आदमी नहीं है
मुकम्मल बयान है,
माथे पे उसके चोट का
गहरा निशान है।

– दुष्यन्त कुमार

शिव खेड़ा

वक़्त हर ज़ख़्म को,
हर ग़म को मिटा देता है,
वक़्त के साथ
ये सदमा भी गुज़र जाएगा,
और ये बातें
जो दोहराई हैं मैंने इस वक़्त,
तू भी इक रोज़
इन्हीं बातों को दोहराएगा।
दोस्त मायूस न हो।

– 'राही'

शिव खेड़ा

विवेक, संयम, चित्तशुद्धि
और पुरुषार्थ
इन मुख्य साधनों द्वारा
अपना और समाज का
कल्याण साधकर
मानवता की परमसिद्धि
प्राप्त करना ही
मानव जीवन का ध्येय है।

– नाथजी

वो वक़्त भी देखा है हमने,
लम्हों ने ख़ता की
और सदियों ने सजा पाई।

विरक्ति कहती है कि
सांसारिक जीवन से ऊपर उठ जाओ,
इंसानियत कहती है कि
दुख में किसी के काम आओ।

वतन की फ़िक्र कर नादाँ!
मुसीबत आनेवाली है,
तेरी बर्बादियों के मश्वरे हैं
आसमानों में।

न समझोगे तो मिट जाओगे
ऐ हिन्दोस्ताँ वालो,
तुम्हारी दास्ताँ तक न होगी
दास्तानों में।

– इक़बाल

शिव खेड़ा

शहीदों की चिताओं पर लगेंगे
हर बरस मेले,
वतन पर मिटनेवालों का
यही बाक़ी निशाँ होगा।

शबे-ग़म के आँसुओं की
बस इतनी कहानी है,
जो अटक गया वह मोती है
जो टपक गया वह पानी है।

शिक्षित मूर्ख अशिक्षित की अपेक्षा
अधिक बेवक़ूफ़ होता है।

– मोलियर

सामर्थ्य से बाहर जाकर काम करना
और स्वयं की क्षमताओं का
उचित इस्तेमाल न करना,
अपने ऊपर अत्याचार करने जैसा है।

– सन्तवाणी

सितम जितने भी ढाओगे
मेरे अरमान जवान होंगे,
जो कहना है अभी कह दो
कल न जाने हम कहाँ होंगे।

साहिल पे कितने लोग
मेरे साथ-साथ थे,
तूफ़ाँ की ज़द में आया
तो तिनका नहीं मिला।

शिव खेड़ा

सच कह दूँ ऐ ऊपरवाले !
गर तू बुरा न माने।
तेरे मन्दिर के बुत हो गए पुराने।
अपनों से बैर रखना
तूने बुतों से सीखा।
युद्ध सिखाया काज़ी–मुल्ला को भी ख़ुदा ने।
तंग आके मैंने आख़िर मन्दिर–मस्ज़िद छोड़ा।
काज़ी का उपदेश छोड़ा, छोड़े तेरे फ़साने।
पत्थर की मूरतों में समझा है तू ख़ुदा है।
ख़ाके–वतन का मुझको हर ज़र्रा देवता है।

साँच बराबर तप नहीं
झूठ बराबर पाप।
जाके हृदय साँच
ताके हृदय आप।

– कबीर

सिर्फ़ शायर देखता है
क़हक़हों की असलियत,
हर किसी के पास तो
ऐसी नज़र होगी नहीं।

सिर्फ़ सड़कों के चिराग़ाँ से
नहीं चलता है काम,
कुछ दिलों की रौशनी का भी
किया है इन्तज़ाम।

सामान कुछ नहीं है
फटेहाल है मगर,
झोले में उसके पास
कोई संविधान है।

– दुष्यन्त कुमार

शिव खेड़ा

सरफ़रोशी की तमन्ना
अब हमारे दिल में है,
देखना है ज़ोर कितना
बाज़ु-ए-क़ातिल में है।

सफलता के लिए मिलकर
सभी को काम करना है,
हमें आकाश से ऊँचा
वतन का नाम करना है।

सभी के वास्ते धन्धे जुटाने की ज़रूरत है,
हमें हर गाँव को ऊँचा उठाने की ज़रूरत है।

हमारे ख़ून में वतन तुम्हारा ही रंग है,
तुम्हारी धूल से बना
हमारा अंग-अंग है।

हक़ कहने से कब डरते हैं,
जो कहते हैं वो करते हैं,
हम वायदे के अपने पक्के हैं,
जो कुछ भी कहा,
कर सकते हैं।

हमको पता भी नहीं था,
वो आग ठंडी पड़ी थी,
जिस आग पर आज
पानी सहसा उबलने लगा है।

हज़ारों मंज़िलें होगीं,
हज़ारों कारवाँ होंगे,
निग़ाहें हमको ढूँढ़ेंगी
न जाने हम कहाँ होंगे।

हक़ीक़त छुप नहीं सकती
बनावट के उसूलों से,
ख़ुशबू आ नहीं सकती
कभी काग़ज़ के फूलों से।

हो सके तो अपनी ख़ुशियाँ
दर्द के मारों में बाँट दो,
वरना ज़िन्दगी का यह कारवाँ
यूँ ही गुज़र जाएगा।

हो मेरे दम से यूँ ही
मेरे वतन की इज़्ज़त,
जिस तरह फूल से होती है
चमन की इज़्ज़त।

शिव खेड़ा

हर एक को ख़ुश करने की
कोशिश में किसी ने,
सारे जहाँ को अपना दुश्मन बना लिया।

हैं अँधेरे बहुत तुम सितारे बनो,
डूबतों के लिए तुम किनारे बनो,
इस ज़माने में हैं बेसहारा बहुत,
तुम सहारे न लो बस सहारा बनो।

हो गई है पीर पर्वत-सी
पिघलनी चाहिए,
इस हिमालय से कोई गंगा
निकलनी चाहिए।

हटा सको तो हटा दो
ये राह के पत्थर,
तुम्हारे बाद भी यहाँ से
कोई गुज़रेगा।

– दुष्यन्त कुमार

शिव खेड़ा

हम निकले थे सैर करने
दिल में कुछ अरमान थे,
एक तरफ़ हरियाली थी
एक तरफ़ श्मशान थे।
ज्यूँ ही हम आगे बढ़े
उस दबी हड्डी के कुछ बयान थे,
ओ चलते मुसाफ़िर ज़रा सँभलकर चल
हम भी कभी इंसान थे।

शिव खेड़ा

हमें अपनों ने लूटा
ग़ैरों में कहाँ दम था,
मेरी कश्ती वहाँ डूबी
जहाँ पानी भी कम था।

हम हैं दरिया
हमें अपना हुनर मालूम है,
जिस तरफ़ निकल जाएँगे
वहीं रास्ता बना लेंगे।

हमको पता नहीं था
हमें अब पता चला,
इस मुल्क़ में
हमारी हुक़ूमत नहीं रही।

हिम्मत से सच कहो
तो बुरा मानते हैं लोग,
रो-रो के बात कहने की
अब आदत नहीं रही।

Three-Day Workshop: "Winners Don't Do Different Things, They Do Things Differently."

Shiv's dynamic 3-day workshop entitled "Blueprint for Success" has dramatically improved productivity in thousands of people Internationally.

Seminar Highlights

Attitude—Ambition—Action

- Master the seven steps to positive thinking
- Turn weaknesses into strengths
- Do the right thing for the right reason
- Remove the barrier to productivity
- Introduce new vitality into your corporate culture—build trust and loyalty
- Help others to take on more responsibility

What others are saying about the program :

Having been exposed to a number of training programs all over the world, I feel your program was one of the best.

— Michael Stier

Director, Lufthansa German Airlines, South East Asia

The gain is much more that it cannot be weighed in money.

— Ehsan Abbas Rizvi

Reckitt & Coleman

Hundred percent return on my investment Is an understatement! I wish I had experienced this sooner.

— Linda Baker

Certified Public Accountant, N.J., USA

Enquire about public and in-house program and bulk purchases from:

QLS Marketing

C-6/4, Vasant Vihar, New Delhi-110 057, India
Tel: (91-11)-26148804
Fax: (91-11) 26149658, 26142656
E-mail: skhera@del3.vsnl.net.in
info@shivkhera.com
website: www.shivkhera.com

Associate Offices :

- Singapore
- USA

Please send me information on

- The seminar "Blueprint for Success"
- Keynote presentations
- In-house seminars
- Public seminars
- Audios/Vedios, Cassettes/CDs and other books including **"You Can Win"** an international best seller in English, Hindi, Tamil, Punjabi, Marathi, Bengali Oriya, Gujarati, Malayalam and Telegu

Name ....

Title ....

Company ....

Address ....

City .... State .... Pin Code ....

Telephone (Off.) .... Fax ....

E-mail ....

Date: ....

QLS Marketing
C-6/4, Vasant Vihar
New Delhi-110 057 (India)

Dear Sir,

I have enjoyed reading this book and require more __________ No. of copy/copies. For this I am sending herewith a draft of. ______________ + Rs.30/- as postal charges per copy (please add Rs.20/- for every additional Book).

YOU CAN WIN:

Soft cover	—	English	Rs.325/- each
Soft cover	—	Hindi	Rs.195/- each
Soft cover	—	Tamil	Rs.225/- each
Soft cover	—	Punjabi	Rs.248/- each
Soft cover	—	Marathi	Rs.185/- each
Soft cover	—	Bengali	Rs.190/- each
Soft cover	—	Oriya	Rs.195/- each

Name --

Address --

Tel: ------------------ Fax: ---------------------

E-mail --

फ़ुल सर्कल और हिन्द पॉकेट बुक्स आत्म-विकास, धर्म, अध्यात्म, स्वास्थ्य आदि आन्तरिक और बाहरी जीवन से सम्बन्धित विषयों पर पुस्तकें प्रकाशित करते हैं। हमारा मुख्य उद्देश्य एक स्वथ्य और शान्तिपूर्ण विश्व की संरचना में अपनी भूमिका को सकारात्मक ढंग से निभाना है। पुस्तकें अनमोल होती हैं और इनका कोई सानी भी नहीं होता। कहते भी हैं कि हर मर्ज की दवा पुस्तकों के पास होती है।

हमारा सदैव यह प्रयास रहा है कि पुस्तकों के बारे में ज़्यादा-से-ज़्यादा जानकारियां पाठकों को उपलब्ध हों। इन प्रयासों की शृंखला की नई कड़ी है इस पुस्तक में संलग्न कार्ड। जिसे भरकर हमारे पास भेजने पर हम आपको आपकी रुचि की पुस्तकों के बारे में जानकारी देंगे। और अपनी घरेलू पत्रिका 'साहित्य संगम' भी भेजेंगे, जो आपको हमारे नए प्रकाशनों की जानकारी देगा।

फ़ुल सर्कल / हिन्द पॉकेट बुक्स

जे-40, जोर बाग लेन, नई दिल्ली -110003

फ़ोन 24620063, 55684197-98 फैक्स 24620063

ई मेल gbp@del2.vsnl.net.in • fullcircle@vsnl.com

Warehouse & Sales Office

B-13, Sector-81, Phase-II, NOIDA (UP)-201305

Tel: 0120-2563983